Sebastian Kattner

Die Schönheit des Wortes

Sebastian Kattner

Die Schönheit des Wortes

KundenErlebnisse - Zwischen Hardselling und Poesie

Trainerverlag

Impressum / Imprint
Bibliografische Information der Deutschen Nationalbibliothek: Die Deutsche Nationalbibliothek verzeichnet diese Publikation in der Deutschen Nationalbibliografie; detaillierte bibliografische Daten sind im Internet über http://dnb.d-nb.de abrufbar.

Bibliographic information published by the Deutsche Nationalbibliothek: The Deutsche Nationalbibliothek lists this publication in the Deutsche Nationalbibliografie; detailed bibliographic data are available in the Internet at http://dnb.d-nb.de.

Coverbild / Cover image: www.ingimage.com

Verlag / Publisher:
Der Trainerverlag
ist ein Imprint der / is a trademark of
OmniScriptum GmbH & Co. KG
Heinrich-Böcking-Str. 6-8, 66121 Saarbrücken, Deutschland / Germany
Email: info@verlag-trainer.de

Herstellung: siehe letzte Seite /
Printed at: see last page
ISBN: 978-3-8417-5096-9

Sebastian Kattner

„Die Schönheit des Wortes“

Illustrationen:

Robert Wadle

Für Marie und Marlene

Das Wichtigste vorweg: Sebastian Kattner liebt Kommunikation. Deshalb beschäftigt er sich mit diesem Themanfeld. Tag für Tag...
Geboren 1973, gründete er nach erfolgreichen Zwischenstationen in einer Marketingberatung bei Düsseldorf und eines der führenden deutschen Telekommunikationsunternehmen seine eigene Firma kattner.TRAINIERT.
Seit 2006 begleitet er Unternehmen verschiedenster Branchen in kontinuierlichen Verbesserungsprozessen. Inhaltlicher Schwerpunkt von Sebastian Kattner ist die vertriebliche Weiterentwicklung seiner Kunden und die Entwicklung neuer strategischer Ansätze in den Bereichen Vertrieb, Unternehmens- und Teamentwicklung.
Sebastian Kattner führt klassische Trainings durch, in denen er seine Teilnehmer immer wieder in konkrete Alltagssituationen führt und so seine Themen greifbar, „erlebbar" macht. Die Maxime von kattner.TRAINIERT. ist stets, möglichst tief in die Welt der Kunden einzutauchen, diese Welt zu verstehen und somit „die Sprache des Kunden und der Branche" zu sprechen.
Sebastian Kattner versteht seine Tätigkeit als Handwerk. Er möchte Werkzeuge vermitteln, die seine Teilnehmer im beruflichen wie auch privaten Alltag praktisch einsetzen können. Er hat dieses Handwerk gelernt von einem der ganz großen Trainer in Deutschland, dem nachhaltiger Dank für die wertvolle Inspiration und für seine Rolle als Mentor gebührt: Wolfgang Rosenkranz.
Sebastian Kattner begleitet seine Teilnehmer im Anschluss an seine Trainings im operativen Wirkfeld, um somit nachhaltig theoretisch vermittelte Werkzeuge in die Praxis zu transferieren.
Schließlich moderiert er Workshops zu unterschiedlichsten strategischen Fragestellungen und greift hierbei immer wieder auf neue und interessante Methoden zurück.
Er hat nicht den Ruf, ein Bäume-Umarmer zu sein. Kunden und Teilnehmer schätzen sein offenes Wort, seine Schlagfertigkeit und seine schnelle Auffassungsgabe. Er ist stets klar und fundiert, oder, um mit seinen Worten zu sprechen: „Meine Kunden ertragen die Wahrheit."

Inhaltsangabe

1. Vorwort

Ich mag die Menschen. Auch wenn einige Passagen des hier vorliegenden Werkes einen deutlich gegensätzlichen Eindruck verschaffen könnten. Und ich mag Kommunikation, den Umgang mit dem gesprochenen wie auch geschriebenen Wort sowie die bewusste Wahrnehmung der Sprache des Körpers. Der Gipfel an Dramatik wird in vielen Fällen dann erreicht, wenn diese beiden Elemente, Mensch und Kommunikation, aufeinander stoßen. Manchmal funktioniert das gut – das sind diese magischen Momente, in denen wunderbare Erlebnisse entstehen können, die die Protagonisten lange, sehr lange in Erinnerung behalten werden. Doch es ist wie mit allen schönen Dingen auf der Welt: Diese Momente sind rar, sie tauchen lediglich in homöopathischen Dosierungen auf. Deshalb seien Sie immer aufmerksam, denn wenn Sie diese seltenen Augenblicke bewusst wahrnehmen, denn diese Erlebnisse können wirklich Ihren Tag lichtdurchflutet und warm gestalten. Doch zurück zur Realität, die leider so gar kein Erbarmen mit denjenigen hat, die Gefallen gefunden haben am bewussten Umgang mit diesem fantastischen Werkzeug, was wir in uns haben: Der Sprache.

Mich verfolgt seit Jahren die Frage, wie Menschen positive Kauferlebnisse schaffen können. Wir steigern uns stetig und mit unbändiger Leidenschaft in Discountierungsorgien in dem naiven Glauben, dass wir mit diesen Mitteln Kunden gewinnen und binden können. Wir diversifizieren, erschließen immer wieder neue Kundensegmente, die es eigentlich gar nicht gibt, wir versprechen, wir versenden, nehmen aber auch gerne wieder zurück, wenn es nicht zusagt. Wir gehen über unterschiedlichste Kanäle, weil wir davon ausgehen, dass der Mensch ja eigentlich viel lieber auf der Couch sitzen bleiben möchte als traditionell durch Geschäfte zu streifen, in Regalen zu stöbern oder sich schlicht von einem Menschen, dem er sein Vertrauen schenkt, beraten zu lassen. Ich glaube, dass die meisten Kunden den Kauf unterschiedlicher Produkte und Dienstleistungen sehr gerne bewusst und real erleben möchten, sie wollen diese Euphorie spüren, diese Freude, diese angenehme Nervosität, das gewisse Kribbeln bis zu dem Zeitpunkt, an dem sie stolz das Produkt Ihres Herzens aus dem Geschäft tragen.

Auch Sie haben diese Momente geliebt. Das alles ist lange her, ich weiß. Versuchen Sie bitte, sich zu erinnern, Sie müssen sich genau an diesen Zeitpunkt zurückversetzen. Schließen Sie die Augen. Spüren Sie, wie die Wärme in Ihnen aufsteigt? Springt ihr Herz? Lächeln Sie gerade?

Genau da liegt das Ziel im Verkauf: Etwas weniger Standard, Rabatte, solide Grunderwartungserfüllung – deutlich mehr angenehme Überraschungsmomente!

Auch ich bin täglich in verschiedenen Situationen Kunde. Unter anderem diese Erlebnisse nutze ich, um meine Trainings realitätsnah und unterhaltsam zu gestalten.

Auf den vorliegenden Seiten finden Sie interessante Impressionen aus dem Leben eines Trainers. Manche Geschichten sind zum Schmunzeln, manche sollen zum Nachdenken anregen. Vieles ist auch haarsträubend. Mich würde es sehr freuen, wenn Sie an der ein oder anderen Stelle einfach schallend lachen. Es wäre wunderbar, wenn Ihnen beim Lesen dieser Zeilen vergleichbare Momente in Ihre Erinnerung sprudeln.
Die nachfolgenden Zeilen handeln vom blanken Wahnsinn im Umgang mit Worten. Vom sicheren Auftreten bei völliger Ahnungslosigkeit. Von Momenten verzweifelter Stille. Von vakuumierten Blickkontakten. Von Stimmungen in Molltönen. Am Ende bleibt eine alles überscheinende Erkenntnis: Auch eine Verdopplung der Geschwindigkeit kompensiert nicht das, was diesen Beratern an Richtung fehlt...
Eines sei an dieser Stelle versprochen: Jede einzelne Geschichte hat sich wirklich so ereignet.

Wir sollten alles dafür tun, um unseren Kunden angenehme Erlebnisse beim Kauf zu verschaffen. Ich erlebe in meiner Praxis leider zu häufig verkopfte Vertriebler oder Verkäufer, die aus Angst, Fehler zu machen, den Kunden lieber gar nicht erst ansprechen, die tief eingefahren sind in ihren Automatismen und der Monotonie erliegen, Kommunikation und Vorgehensweisen mit den Kunden immer und immer wieder auf die gleiche Art und Weise zu replizieren.

„Ist doch eine super Sache! Wenn ich Dinge immer wiederhole wirke ich an dieser Stelle doch total sicher", werden Sie jetzt vielleicht denken. Mag sein, was verloren geht ist das angenehm überraschende Kauferlebnis, das sich so sehr in das Gedächtnis des Kunden einbrennt, dass er sich auch noch nach langer Zeit an den Kauf, an das Geschäft, an ***Sie*** erinnert.
Machen Sie einmal den Rollentausch: Wann hatten Sie Ihr letztes angenehmes Kauferlebnis? – Ich kann Sie gerade gedanklich blättern sehen: Gestern nicht, letzte Woche nicht, letzten Monat nicht....

Ich habe diese Frage nach dem letzten angenehmen Kauferlebnis vor einiger Zeit in einem Training meinen Teilnehmern gestellt. Alles sehr erfahrene, gestandene Vertriebler. Es war an der Zeit für einen Rollentausch, sie sollten die Sehnsucht spüren, diese Momente unbedingt einmal wieder erleben zu wollen. Frage gestellt, eine klassische Reaktion: Der Blick der Teilnehmer nach unten rechts, der innere Dialog.
Dann plötzlich nach langer Zeit gespannter Stille ein Reflex eines Teilnehmers hinten links. Er konnte sich an einen dieser Momente erinnern, es war der Besuch eines Herrenausstatters. Mir fehlen die Worte zu beschreiben, wie die Augen dieses Teilnehmers gefunkelt haben, wie emotional und zugleich detailreich und bildhaft er dieses Erlebnis beschrieb. Am Ende fügte er hinzu, dass er nicht nur ein Hemd kaufte sondern deren drei und dazu auch noch drei passende Krawatte. Manchmal sind es die kleinen Geschichten, die und so viel erzählen.
Der Trainer, erleichtert und zugleich berührt, dass überhaupt einer Teilnehmer von einem Erlebnis berichten konnte, fragte diesen Vertriebler, wie lange denn dieses Erlebnis her sei und ob er noch wisse, wo dieses Geschäft wäre und ob er dort noch Kunde sei: „Dieses Erlebnis hatte ich vor sieben Jahren, ich kann Ihnen genau den Verkäufer beschreiben und ich gehe noch heute dort gerne einkaufen.
Wir lernen. Diese Erlebnisse sind selten, sehr selten. Doch wenn wir erleben werden wir niemals vergessen. In beiden Aspekten liegt unsere Chance.

Bevor ich Sie eintauchen lasse in die Welt der beeindruckenden blinden Flecke, der Absurditäten, aber auch der pastellfarbenen Momente emotionaler Kundenorientierung gilt mein tiefer Dank Robert Wadle für seinen unfassbar leidenschaftlichen Einsatz, für, wie ich vermute, einige schlaflose Nächte des Grübelns, für seinen unermüdlichen Hang zur Perfektion, für seine Inspiration und seinen Ideenreichtum, die Sie als geneigter Leser in den Illustrationen wiederfinden werden – es wäre wundervoll, wenn er sein Talent weiterleben kann an einem Platz, der ihn erfüllt.

Ich wünsche Ihnen viel Freude beim Lesen dieses Buches. Vielleicht gibt es die Kraft, Dinge zu ändern...

1. Kommunikation

„Bitteschöööön!“

Kennen Sie das? Schräg gegenüber des Hauses, in dem Sie wohnen, befindet sich eine Bäckerei eines großen deutschen Bäckerei-Filialisten. Bei mir ist das so. Ich pflege dort morgens, wenn ich in der Stadt bin, meine Brötchen zu kaufen. Jeden Morgen dasselbe Szenario: Ich überquere die Straße, betrete die Bäckerei und schaue auf die Auslage. Frage: Was denken Sie, wie werde ich jeden Morgen von der Bäckerei-Fachverkäuferin begrüßt? Ich habe diese Frage schon einigen Menschen gestellt und bekam Tipps wie:

"Guten Morgen, was darf es denn heute sein?" oder:

"Guten Morgen, dasselbe wie immer?" -

Weit gefehlt. Jeden Morgen höre ich: "Bitteschöööön???"

Ich habe mir im Laufe meiner beruflichen Laufbahn einige wenige Automatismen angeeignet, die in Situationen wie diese eintreten. Ich reagiere auf diese Ansprache der Bäckerei-Fachverkäuferin mit "Bitteschöööön???" kurz mit: "Dankeschön." - Und dann lasse ich mal Stille einkehren in der Bäckerei. Das Spektakel hat sich nunmehr an mehreren Tagen wiederholt und wahrscheinlich denkt die Dame stets, wenn ich die Bäckerei betrete: "Jetzt kommt der schon wieder..."

Was ich der Dame signalisieren möchte ist: "Bitteschöööön" ist keine Begrüßungsformel!! Streng genommen ist die Dame im dem gesamten Kundenkontakt nicht diejenige, die "Bitteschön" zu sagen hat. **ICH** bin derjenige, der "Bitteschön" sagt, da ich ihr mein Geld gebe und **SIE** ist diejenige, die "Dankeschön" sagt, um Wertschätzung zu signalisieren.

Wie würden Sie sich fühlen, wenn Sie in Ihrer Bäckerei mit: "Guten Morgen, schön, dass Sie da sind!" oder etwas in dieser Art herzlich und authentisch begrüßt werden?

Der Vertriebstrainer Sebastian Kattner jedenfalls wird nicht aufgeben, diese Bäckerei zu finden. In der Zwischenzeit können sich ja die Backstuben bei mir melden –

kattner.TRAINIERT. hilft gerne!

„Alles lecker!“

So ein Trainer für Vertrieb und Kommunikation geht stets mit offenen Augen und Ohren durch die Welt. Er kann nicht anders, als Tag für Tag Menschen zu suchen, die dieses gewisse Etwas beim Umgang mit Kunden bieten. Doch schöne Erlebnisse sind hier rar - wie so häufig im Leben. Aus diesem Grund versucht der Vertriebstrainer Verkäufer immer wieder sanft an den Punkt zu führen, eben genau dieses wunderbare Erlebnis zu bieten. Ganz sanft. Und wie in diesem Fall völlig kostenfrei. Doch manchmal scheitert auch der beste Trainer. Wie an diesem Tag:

Situation wie folgt - der Besuch eines Supermarktes, genau: Folgendes Szenario an der Frischetheke. Der Trainer möchte, völlig privat motiviert, die fachliche und verkäuferische Kompetenz der Dame an der Frischetheke erfahren. Der Trainer (aufgrund mangelnder Fachkompetenz unwissend): "Ich soll Salami mitbringen. Können Sie mir eine bestimmte Sorte empfehlen?" Dame an der Theke: "Junger Mann, die sind alle lecker!" Trainer: "Hmm, wie lecker sind die denn?" (Ziel war es, der Dame ein Probierangebot zu entlocken.) Die Dame stoisch: "Ja... lecker halt!" Trainer: "Wenn Sie sagen "lecker" - haben Sie denn alle schon mal probiert?" Die Dame: "Nein, habe ich nicht."

Trainer: "Jetzt bin ich verwirrt. Wie können Sie denn dann behaupten, dass die Sorten alle lecker sind?" Die Dame wie selbstverständlich: "Na ja, das bin ja auch nicht ich, die das einfach so behauptet, das sage ich Ihnen, weil unsere Kunden das immer sagen!" Der Trainer schaut sich in dem verzweifelten Versuch, der Dame einen letzten Wink zu geben hektisch nach allen Seiten um: "Aha, von den Kunden, die Ihnen das immer sagen, ist jetzt gerade nicht zufällig jemand da?" Die Dame, mittlerweile stimmungstechnisch deutlich im Moll: "Nee." Trainer: "Und jetzt?" Dame: "Tja, weiß ich auch nicht - müssen Sie sich halt entscheiden."

Manchmal fühlen sich der Trainer für Vertrieb & Kommunikation so müde...

Wir müssen wieder lernen, die kleinen Dinge im Verkauf zu beherrschen. Durch kleine Gesten, durch Service und - denken wir mal groß - durch Kreativität den Kunden wieder Erlebnisse zu bieten. Wir sollten klein anfangen.

Nach kurzer Verschnaufpause ist der einsame Verfechter des wundervollen Kauferlebnisses wieder voller Energie auf den Straßen Deutschlands auf der Suche nach diesen Verkäufern, die dieses Handwerk beherrschen.

„Darf ich Sie einmal etwas fragen?“

Ein Klassiker: Sie betreten an einem sonnigen Spätsommertag eine schmucke Fußgängerzone, die Stadt und die Uhrzeit können Sie sich aussuchen. Schließen Sie bitte jetzt die Augen: Sie hören sanftes Stimmengewirr, Sie spüren die lauwarme Luft und vor Ihnen liegt sie - die Einkaufsstraße mit all ihren Geschäften und Boutiquen. Eine schöne, lang gezogene, nicht allzu breite Meile, übersichtlich, einladend, freundlich und warm.

Und dann entdecken Sie sie: Sie stehen vor den Geschäften am Wegesrand, rechts und links. Keine Chance, ihnen zu entkommen. DIE PROMOTOREN! Alle sind heute versammelt, die gesamte Telekommunikation, die heroischen Streiter der Zeitungsabo-Branche, der ADAC darf natürlich nicht fehlen, sogar die Welthungerhilfe lädt zum Tanz.

Haben Sie das Bild? Sie stehen breitbeinig auf der Startlinie, krempeln die Ärmel hoch, bereit für den Kampf. Sie sind erfahren, haben so manche Schlacht gegen diesen Gegner geschlagen. Die meisten haben Sie gewonnen, doch jedes verlorene Duell verfolgt Sie, manchmal sogar 24 Monate lang, da sie zur Anerkennung Ihrer Kapitulation einen Vertrag unterschreiben mussten.

"Auf ein Neues!", sagen Sie sich heldenhaft, hochmotiviert. Sie gehen die ersten Schritte, gleichmäßig und fest. Beim ersten Promotor täuschen Sie rechts an und gehen links dran vorbei, einer Ihrer Spezialtricks - der klappt immer! Beim zweiten zeigen Sie starren Blickes aufgeregt in den Himmel, der Promotor, sichtlich irritiert, folgt intensiv Ihrem Fingerzeig und Sie nutzen eiskalt die Chance und ziehen, den Schritt leichtfüßig beschleunigend, auch an diesem Widersacher vorbei. Vor dem dritten Promotor schaffen Sie die Ausfahrt rechts in den Supermarkt - Sie erhoffen sich eine kurze Verschnaufpause. Weit gefehlt: Im Supermarkt erwischt es Sie zum ersten Mal. Einen Moment der Unachtsamkeit nutzt die Dame der Verköstigung, Ihnen eine hauchzart geschnittene Scheibe Salami unter die Nase zu halten: "Wollen Sie mal probieren?"

Treffer! Sie taumeln...

Raus aus dem Supermarkt, mitten ins Schlachtfeld: Luftaufnahmen könnten Ihren Zickzack-Kurs wunderbar belegen, wie Sie in Manier eines Alberto Tomba den Slalom-Promotion-Kurs bewältigen. Haben Sie dieses Bild? Fühlen Sie die Anspannung, die Nervosität, was als nächstes passiert?

Nun zum Klassiker: Sie halten ein unheilvolles mal, nur dieses einzige mal nicht den überlebensnotwendigen Mindestabstand zum Gegner ein.

Dann passiert es: Exakt auf 90 Grad zu Ihnen kommt der Angriff des Promotors in Form einer Ansprache. Kennen Sie das? Kennen Sie diese klassischen Anreden von diesen jungen, gut aussehenden, dynamischen Starverkäufern?

Blättern Sie bitte einmal in Ihrer Erinnerung zurück - an welche Anreden erinnern Sie sich?

Da sind die Standards wie "Kennen Sie schon..." oder "Haben Sie bereits..." und natürlich auch "Wollen Sie einmal kostenlos...". Lächerlich, damit kriegt man Sie doch nicht!!

Sie antworten mit "Habe ich schon...", "Kein Interesse", einem gelangweilten "Keine Zeit..." - so läuft das nun einmal.

Als Kommunikationstrainer beschäftige ich mich jeden Tag intensiv mit dem gesprochenen Wort. Ich kann gar nicht anders, als auf das zu hören, was Menschen mir tagtäglich kommunikativ entgegen werfen. Nun etwas für Gourmets: Da spricht Sie einer dieser Jungdynamiker an, geheimnisvoll, fast mystisch: **"Entschuldigung, dürfte ich Sie einmal etwas fragen?"** Ich bemerke diese Überzeugung, dieses "Absolut-Von-Sich-Selbst-Überzeugte" in seinen Augen.

Ich hatte in meinen früheren Beiträgen bereits angedeutet, dass ich in gewissen Situationen Automatismen abrufe - ich kann nicht anders als auf diese Art zu reagieren. Nochmals zur Erinnerung die Frage: **"Entschuldigung, dürfte ich Sie mal etwas fragen?"** Ich antworte, ohne meinen Schritt auch nur ansatzweise aus dem Allegretto zu bewegen: **"Sie fragen doch bereits!"** Volltreffer! Hilflos strauchelt ein versenkter Promotor in meinem Rücken, ich spüre noch die Verwirrung und Orientierungslosigkeit.

Nur noch einmal zum Nachdenken: Es wird so viel kommunikativer Unsinn produziert. Die Anrede "Dürfte ich Sie mal etwas fragen?" gehört de facto dazu, da dies ja bereits eine Frage ist!

An alle da draußen, die auf Promotoren setzen: Es gibt bessere Einstiege in ein Gespräch. Dann klappt's auch mit den Passanten...

Damit wir uns nicht falsch verstehen: kattner.TRAINIERT. liebt Promotoren...

Großer Schatz

Berlin Friedrichshain, super super trendy. Blick auf das Wasser, Sonne auf der Terrasse, Sonne in allen Herzen. 80 prozentiger Marktanteil von Ray-Ban, Männlein wie Weiblein. Für den Vertriebstrainer Sebastian Kattner genau der richtige Platz, um einmal ganz entspannt mit der kleinen Tochter ein Eis zu genießen.

Rechts wird Französisch gesprochen, links natürlich Englisch, wie gesagt, Ray-Ban verbindet uns dann am Ende alle wieder. Hübsch sind sie, die Menschen hier – und so super super trendy…

Egal, Hauptsache meine kleine Tochter hat Spaß hier und bekommt ihr seit 60 Minuten lautstark eingefordertes Schokoladeneis. Jetzt gelangen wir ungebremst zur Problemstellung: Vielleicht aufgrund unzählbarer traumatischer Erlebnisse, vielleicht aus innerer Intuition, vielleicht auch nur, um nicht in traurige Kinderaugen schauen zu müssen sorgt der Trainer vor und erkundigt sich bei der Kellnerin, ob es hier auch Schokoladeneis für die Kleinen gibt.

Die Grundstimmung war hier hoffnungsvoll, da Kattner in der Karte den "Großen Schatz" entdeckt hat: Zwei nicht näher definierte Kugeln Eis mit Smarties für fünf Euro neunzig. – Da kann man ja mal nachfragen.

Gesagt, getan: "Haben Sie hier auch Schokoladeneis?" - Bäääng, die Frage schlug wie eine Granate bei der trendy trendy Kellnerin ein. "Du kannst das Eis von der Karte bestellen", war die Antwort.

Vor fünf Jahren hätte ich an dieser Stelle das Skalpell ausgepackt und die Aussage der jungen Dame in Scheibchen geschnitten. Doch der Vertriebstrainer hat in all diesen Jahren gelernt, teils freudig, meistens jedoch unter großen Schmerzen Erfahrungen gesammelt und (teilweise) verarbeitet.

Kattner im Jahre 2014: "Okay, bestelle ich gerne, wenn die beiden Kugeln Schokoladeneis sind". Es spielt an dieser Stelle keine Rolle, dass die Kleine nur EINE Kugel haben soll, dass Smarties jetzt auch des Guten zu viel sind – all das ist Schall und Rauch, hier geht es um elementare Dinge.

"Na, Schokolade eher nicht, das wird wohl Vanille sein, vielleicht auch Erdbeere."

Blickkontakt. Stille. Erwartungsschwangere Spannung. Hilflosigkeit. Trendy trendy.

Hoffnung wächst als zartes Pflänzchen, da "Erdbeere" eine tragbare Alternative sein kann, ohne dass meine Tochter eskaliert und aus dem Laden Kleinholz macht.

"Sie sagten VIELLEICHT – wenn es Erdbeere gibt dann nehme ich den "Großen Schatz" gerne!" "OK", sagt sie.

Sonne. Blick auf das Wasser. Französisch. Englisch. Hier muss man also sein. Die Zeit vergeht und der innere Friede wächst und gedeiht, das innere Metronom gibt das gleichmäßige Tempo im Adagio vor. Das muss also die vielbeschriebene Entschleunigung sein…

Was dann kommt und serviert wird vom männlichen Pendant der trendy trendy Kellnerin ist mit Worten schwer zu beschreiben: Meine schwachen und tränenunterlaufenen Augen registrieren zwei kleine Eiskugeln der Sorte Vanille, die mit zwei Händen voll Smarties exekutiert wurden. Um dieses Massengrab zu vollenden hat der Täter links und rechts zwei kleine Hügel mit Spritzsahne entstehen lassen, wahrscheinlich um den gefallenen Eiskugel-Opfern eine "Ruhe in Frieden" – Aussicht zu gönnen.

Aber dies ist wieder zu detailliert, wir müssen uns auf die elementaren Dinge konzentrieren: "Das ist Vanille und keine Erdbeere."

Die Pupillen des Kellners weiten sich, nicht aufgrund peinlicher Berührung sondern weil er die deutsche Sprache nicht versteht. Randbemerkung: Wie er da so schaut und langsam den Kopf nach rechts neigt, um wie bei der sich ergebenden Tigerin die Halsschlagader für den tödlichen Biss frei zu legen – das ist schon wirklich trendy.

"I'll get my colleague." – Und weg war er. Zwei Minuten später materialisierte sich die junge Dame am Tisch, der Weg schien ihr schwer gefallen zu sein, weil ihre Stimmung zu der Begräbnis-Situation auf dem Eisbecher meiner Tochter passte – wie gesagt, irgendwann ist alles wieder vereint und stimmig in Friedrichshain…

"Das ist Vanille und keine Erdbeere." – Schönes Ding, schlicht und präzise. "Ich habe Ihnen doch gesagt, dass wir VIELLEICHT Erdbeere haben, es aber auch Vanille sein kann."

Verständnisgräben können nicht größer sein, Empathie, das "Sich-in-den-anderen-Hineinversetzen" war hier so realistisch wie die Überlebenswahrscheinlichkeit eines Schneemanns im Hochofen.

"Und ich habe gesagt, dass ich den "Großen Schatz" gerne nehme, wenn es Kugeln der Sorte Erdbeere sind." Jetzt hätte ich John F. Kennedy gebrauchen können, weil die Reaktion des Ray-Ban Testimonials an die explosive Stimmung an die Zeit der Kubakrise erinnerte. "Ich habe ihnen doch gesagt, dass ich "Erdbeere" nicht sicher zusagen kann."

An diesem Punkt wird es jetzt immens wichtig für Sie als Leser: Kurze taktische Pause, Luft holen und dann meine Frage: "Und jetzt?" – Für mich mittlerweile eine Zauberfrage.

Kurz raus aus der konkreten Situation, weil es einfach zu bedeutsam ist.

Ich empfehle Ihnen: Wenn Sie in einer derartigen Situation stecken, stellen Sie bitte genau diese Frage! Sie müssen dann nur noch die unweigerlich folgende Stille ertragen, denn die wird auf jeden Fall eintreten. All diejenigen, die zukünftig in vergleichbaren Situationen mit dieser Frage auftrumpfen, sind meine ausgesprochenen Helden, da sie nicht müde werden in dem heroischen Unterfangen, den Kommunikationspartner in die Reflexion zu treiben.

Stille. Steigende Temperatur. Gedanken an Kuba.

“Gut, dann kann ich mir jetzt überlegen, ob ich meiner Tochter jetzt Vanille für Erdbeere verkaufe oder ob ich das Eis samt IKEA-Keramik-Becher direkt in die Spree schmeiße.”

Jetzt war der Ring frei: “Wie gesagt, ich hatte Ihnen…” “Jetzt lassen Sie uns wenigstens die Sonne genießen!” “Warum werden Sie denn jetzt so pampig??”

Nochmals BÄNG, diesmal allerdings in meinen Bug. Taumelnd, sprachlos, verwirrt und nach Orientierung, nein: FASSUNG suchend erwäge ich, zum ultimativen Gegenschlag auszuholen.

Da war sie allerdings schon wieder weg.

Fünf Euro neunzig. Für Vanille, nicht Erdbeere. Ruhe in Frieden.

Epilog:

Der Laden wird auch heute wieder rammelvoll sein. Und wahrscheinlich noch mehr „tomorrow“ als gestern. Mit einer Nacht Abstand bin ich dankbar, da ich ein gutes Beispiel für meinen Aufruf ans Kommunikationsvolk habe:

Stellt die Zauberfrage: “**UND JETZT**?”

Vielen Dank an Ray-Ban für die kooperative Bereitstellung der Zielgruppe. Und ein ausdrücklicher Dank an das Wetter, ohne das diese Erfahrung wahrscheinlich nicht möglich gewesen wäre…

2. Kundenorientierung

„Und jetzt?"

Eine weitere wahre Impression aus dem Leben des Vertriebstrainers Sebastian Kattner:

Ich buche über das Portal eines marktführenden Internet-Anbieters zwei Übernachtungen in einem Leipziger Hotel einer bekannten Hotelkette.

In Leipzig angekommen treffe ich auf eine solide, auffallend unemotionale Dame am Check In - die Stimmung scheint am heutigen Tag eher im Decrescendo-Bereich zu verharren.

Dennoch eine positive Überraschung: Ich erhalte mit meiner Zimmerkarte als Willkommensgruß einen Verzehrgutschein in Höhe von 5 Euro, da ich über das oben erwähnte Portal meinen Aufenthalt gebucht habe. So weit, so gut - nett eben...

24 Stunden später reist ein Geschäftspartner in eben diesem Hotel an - ich habe einen Termin mit diesem werten Menschen und erwarte ihn in der Lobby. Ein erschreckend vergleichbarer blutleerer Prozess beim Check In - so ist das eben in diesen Tagen.

Auf dem Weg zum Aufzug fällt mir ein: "Hast Du eigentlich auch diesen Gutschein bekommen?" - Erwartungsschwangere Stille, angespannte Gesichtszüge, weit geöffnete Augen. "Nein, was für ein Gutschein?" Also zurück zum Empfang und melodisch die Situation geschildert. Keine peinliche Berührung, kein Hauch von Entschuldigung, eher pomadig schiebt die junge Dame den Gutschein über den Empfangstresen - man gewöhnt sich daran.

Dann der große Moment: Abends im Restaurant der Showdown. Der Geschäftspartner wollte nichts essen, hatte aber Bedarf an einem Kaltgetränk - "Verzehrgutschein" inkludiert ja wohl auch Getränke, so die Annahme.

Dennoch, man ist ja präventiv orientiert, die freundliche Nachfrage des Gastes, ob dieser Gutschein auch für Getränke einlösbar sei. "Eigentlich nicht, aber das bekommen wir schon hin!" Soweit die dynamisch-selbstbewusste Aussage des Kellners.

Als die Rechnung von einer desorientierten Kollegin (der Kellner selbst hatte wohl wichtige andere Dinge zu tun) gereicht wurde kam dann die schonungslos-traurige Realität schwarz auf weiß: Der Verzehrgutschein wurde NICHT berücksichtigt. Wir fragten also nach dem Kollegen, der uns doch so vollmundig das Versprechen gab. Er hastete kurze Zeit später an unseren Tisch und begründete die Nicht-Berücksichtigung mit den Worten: "Das kann ich leider nicht so entscheiden, sonst bekomme ich Ärger mit meinem Chef."

1. Fazit: Liebe Dienstleister, versprecht doch bitte den Kunden nicht Dinge, die ihr nicht halten könnt: Ein schlichtes "Es tut mir leid, der Gutschein gilt lediglich für Speisen hier im Restaurant" wäre hier völlig ausreichend gewesen. Der Leidensweg meines Geschäftspartners ging leider weiter: Vielleicht aufgrund der Tatsache, dass er in klassischer Berti-Vogts-Manier am nächsten Morgen hartnäckig beim Check-Out der jungen Dame am Empfang seine Traurigkeit spiegelte, dass solch hoffnungsvolle Kundenmotivationsprogramme völlig nach hinten losgehen, wenn solche Erlebnisse wie das des Abends zuvor passieren, wurde dieser Gast von der Reaktion der Dame traumatisiert. Die Dame an der Rezeption antwortete mit dem gut einstudierten Rehblick: "Ja, das ist wirklich nicht so gelaufen, wie es wünschenswert ist..."

Pause. Stille. Blickkontakt. Leere.

Dann der fatale Fehler des Gastes: "Und jetzt?" - Wow, Treffer, schönes Ding! "Na ja, jetzt ist ja eh zu spät - vielleicht beim nächsten Mal..."

Damit wir uns nicht falsch verstehen: Ich mache sowohl dem Kellner als auch der Dame an der Rezeption keinen Vorwurf. All ihr (Nicht-) Handeln zeugt von tiefer Verunsicherung, von Angst vor Fehlern und der Angst vor der Reaktion des Chefs. Fakt ist jedoch: Dieser Kunde kommt nie wieder. Und diese Wahrheit ist schonungslos und in diesem Falle unwiderruflich.

An die Chefs der deutschen Hotellerie: Wir sprechen in diesem konkreten Fall über ein Budget von 5 Euro (!) – der Wareneinsatz lag wohl bei 20 Cent. Wie kann es sein, dass Mitarbeiter im direkten Kundenkontakt an dieser Stelle keinerlei Handlungsspielraum haben? Ist Ihnen bewusst, dass Sie mit diesen vergleichbar kleinen Toleranzen einen beträchtlichen Kollateralschaden verhindern könnten?

kattner.TRAINIERT. ist Zeuge: Dieser Gast hat in meiner Gegenwart noch lange Zeit seine Fassungslosigkeit geschildert und er wird dies weiteren Person gegenüber tun - hierfür dienen unzählige Statistiken. Wie einfach, wie günstig, wie unkompliziert wäre an dieser Stelle ein flexibles, lösungsorientiertes und erlebnisorientiertes Verhalten gewesen?

„Machen wir"

Kennen Sie das? Sie geben ihr Auto in der autorisierten Vertragswerkstatt ab und haben drei Positionen, die erledigt werden sollen. "Kein Problem! Machen wir!" - So die Reaktion des Serviceberaters. Bei der Abholung wird dann direkt kleinlaut eingeleitet, dass das mit der einen Position nicht erledigt werden konnte. "Das machen wir dann beim nächsten Mal, da finden wir eine Lösung." Als Sie dann vor dem Fahrzeug stehen stellen Sie fest, dass die zweite der drei Positionen auch nicht erledigt wurde. "Da können wir uns nur entschuldigen, das muss irgendwie untergegangen sein."
Ich brauche keine Lösung, weil ich diese schon hatte. Ich habe nicht die Fantasie dafür, wie zwei von drei Aufträgen "irgendwie untergegangen" sein sollen. Aus welchem Grund wird so viel versprochen und so wenig eingelöst?

Eine Branche, die weiß, dass harte Zeiten auf sie zukommt. Ein Hersteller, der von sich behauptet, Premium zu sein. kattner.TRAINIERT. hilft. Gerne.

„Gute Nachrichten“

Nach all den Beiträgen aus der Welt der frustrierenden Erlebnisse nun einmal eine echte Innovation:

Es gibt auch positive Erfahrungen, überraschende Erlebnisse, tolle Gespräche und Situationen, von denen kattner.TRAINIERT berichten kann. Menschen, die es schaffen, ein Lächeln auf meine Lippen zu zaubern, die es in kurzer Zeit erreichen, unfassbar gute, positive und vertrauensvolle Klimafaktoren zu mir aufzubauen. Hier ist ein wundervolles Beispiel aus einer Branche, von der man es fast schon nicht mehr für möglich gehalten hätte - der Vertriebstrainer muss einfach davon berichten:

Anruf bei einem Autozentrum eines namhaften deutschen Automobilherstellers. Zweck des Anrufs: Terminvereinbarung für die Inspektion - das Fahrerinformationssystem im Cockpit lässt sich einfach nicht vom Gegenteil überzeugen.

Das Gespräch mit der Dame am anderen Ende der Leitung beginnt standardisiert höflich, die ersten Grundinformationen wie Kennzeichen und Name des Halters werden abgefragt. Das Fahrzeug scheint auf der Maske der Dame aufzupoppen - klar, der Wagen war ja schon einmal zur Wartung im Haus. Dann der erste Einschlag in meiner Emotionswelt: "Ein Audi A5 - Sie haben ein wunderschönes Fahrzeug."

Stille. Bitte wie meinen? Hat die Dame mit mir gesprochen? Sebastian Kattner: "Dankeschön, ich fühle mich auch nach wie vor wohl mit dem Fahrzeug." Die Dame weiter: "Wie lautet denn der Kilometerstand?" Ich: "Müssten so etwas über 59.000km sein..." Die Stimme am anderen Ende (Vorsicht! Festschnallen!): "Ach ja, die 60.000er Inspektion - wir haben bereits auf ihn (Anmerkung des Autors: Den A5) gewartet." – Fassungslosigkeit meinerseits, da war der Klang von Ehrlichkeit, fast schon Leidenschaft, nichts aufgesetztes oder einstudiertes / abgelesenes.

Es geht noch weiter: "Herr Kattner, haben Sie denn Dinge, die ich dem Servicetechniker bereits im Vorfeld ausrichten kann, damit er sich bereits auf gewisse Arbeiten einstellen kann?" Meine Reaktion: "Na ja, ich habe elektrisch anklappbare Außenspiegel. Die quietschen leider mittlerweile, wenn sie ihren Dienst tun..." Die Dame: "Das dürfen sie aber nicht. Nur auf der Fahrerseite oder auf beiden Seiten?"

Der Trainer: "Wissen Sie, mit Sicherheit kann ich das von der Fahrerseite sagen. Auf dem Beifahrersitz halte ich mich nie auf, da müsste dann halt mal der Servicetechniker Platz nehmen." - Schmunzler auf der anderen Seite: "Das wird er sicherlich gerne tun. Sind Ihnen sonst noch Dinge aufgefallen?" Ich: "Ja, die elektrischen Fenster knarzen, wenn ich sie hoch- oder runterfahre." Sie: "Vorne oder hinten?" - Jetzt habe ich sie, denke ich und antworte lächelnd: "Meine Gute, ich habe ein Coupé, da gibt es keine elektrischen Fenster hinten!"

Ein herzhaftes Lachen auf der anderen Seite: "Mensch Herr Kattner, so ist das, wenn man hier routinemäßig Checklisten vor sich hat - Sie haben ja völlig recht!"

Und in dem aufbrausenden crescendo der guten Stimmung höre ich ihre Frage: "Fahrerseite oder Beifahrerseite?" Jetzt war es um mich geschehen: "An dieser Stelle kann ich zurückspulen zu dem Punkt mit den Außenspiegeln..." - Im Lachen: "Ich weiß, Sie sitzen ja nicht auf dem Beifahrer - ich sage dem Techniker Bescheid. Ich freue mich, dass wir einen Termin für Sie gefunden haben, wir begrüßen Sie dann Montag um 12.00h bei uns vor Ort."

Der Trainer: "Na dann freue ich mich ja darauf, Sie einmal zu sehen." "Das werden wir leider nicht - ich setze nicht vor Ort. Aber wir werden zur nächsten Inspektion hoffentlich wieder telefonieren."

Das ist genau das, was der Vertriebstrainer erleben möchte da draußen. Es geht nicht um die großen Dinge, um die Elfenbeinturm-Psychologie, um die ganz komplizierte Wissenschaft: Es geht darum, dass ein Mensch bemüht ist, auf ganz natürliche Art und Weise seinem Kunden eine gute Zeit mit positiven Emotionen zu verschaffen.

Sonst nichts. Ein aufrichtiges Dankeschön an die unbekannte Dame am anderen Ende: Sie haben meinen Tag bereichert. Ich hoffentlich auch Ihren.

„Liebe Lufthansa..."

Dinge passieren. Positive wie auch die negativen. Wenn man positive Dinge erlebt soll man dankbar sein und zusehen, dass man auf dem Teppich bleibt. Wenn einem negative Dinge widerfahren sollte man zusehen, dass man diese so schnell und so zufrieden stellend löst, wie es eben möglich ist.

Sebastian Kattner wehrt sich in seinem Vertriebsseminaren vehement gegen die allseits proklamierte "Servicewüste Deutschland". "Wir haben hier in Deutschland keine Servicewüste, wir können jedoch besser werden darin, Kunde angenehme Erlebnisse zu verschaffen, sei es beim Kauf von Produkten und Dienstleistungen oder auch im Fall von Serviceleistungen", trägt er immer wieder seinen Teilnehmern vor.

Doch wie passt nun dieses Erlebnis in seine Welt? - Der Vertriebstrainer ist mal wieder im Auftrag des Kunden auf Reisen. Es geht mit der Lufthansa von Düsseldorf nach Berlin. Gelandet, raus aus dem Flieger, am Gepäckband wartend der Griff zum Handy und ins Mobilfunknetz einbuchen - Routine eben. Dann der SMS-Ton. Verwunderung macht sich breit: Eine Nachricht von der Lufthansa, der Text in englischer Sprache: „Unfortunately 1 piece(s) of your baggage could not be transported. Please contact the Baggage Tracing office at your destination. Apologies for any inconvenience."

Ich bin beeindruckt, meine Fluggesellschaft kann richtig gut englisch... Verrückte Welt, dass ein deutsches Unternehmen mit einem deutschen Endkunden in Deutschland auf englisch kommunizieren muss, aber das ist halt so in Zeiten der Globalisierung.

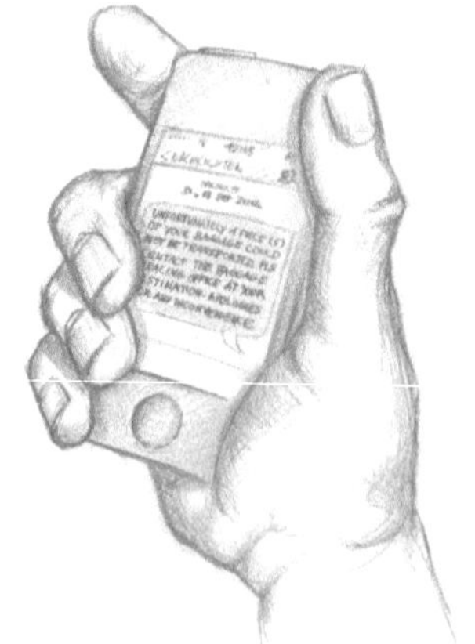

Ich fühle mich auch gleich viel mehr als Kosmopolit...

Dennoch komisch, eine solche Nachricht hat Kattner noch nie bekommen. Er entschließt sich, zunächst einmal am Band zu verweilen - vielleicht war es ja ein Irrtum. Dinge passieren eben... Es kam wie es kommen musste - das Gepäckband leerte sich, kein Kattner-Koffer. Auf zur Gepäckermittlung zu einer unglaublich positiven und optimistischen Dame hinter dem Tresen. Nach kurzem staccato auf der Tastatur ihres Computers sucht sie die Ausfahrt zur positiven Grundstimmung meinerseits: "Herr Kattner, es läuft so: Ihr Koffer wird morgen früh um 06.45h mit der ersten Maschine nach Berlin geflogen. Sobald er hier eingetroffen ist werden sie telefonisch benachrichtigt - das wird dann zwischen 08.00h und 09.00h sein.

Sie vereinbaren dann ganz bequem eine Uhrzeit und einen Standort ihrer Wahl zur Auslieferung."

Achselzucken. Dinge passieren.

Der Tag darauf. 08.00h. 09.00h. Um 09.30h greift Sebastian Kattner zum Telefonhörer und wählt die Servicenummer in Frankfurt an, die ihm bei der Gepäckermittlung ausgehändigt wurde. "Nein Herr Kattner, das ist völlig normal, dass Sie noch keinen Anruf erhalten haben. Sie müssen sich das so vorstellen: Wenn ihr Koffer gelandet ist, braucht es sicher noch drei bis vier Stunden, bis dieser identifiziert und als "gefunden" registriert ist.

Das kann ich hier im System noch nicht sehen, daher bitte ich Sie hier noch um etwas Geduld..." Okay, denkt sich der Vertriebstrainer, bleib ruhig. Du musst erst heute nachmittag wieder auf die nächste Geschäftsreise - das ist doch ein komfortables Zeitfenster.

11.30h. 12.20h. Der nächste Anruf des Trainers in Frankfurt. "Das ist ja komisch, aber ich kann hier noch nicht sehen, dass Ihr Koffer in Berlin angekommen ist", so die geschulte Stimme am anderen Ende. "Aber Sie müssen sich ja keine Sorgen machen - Ihr Koffer ist ja nicht weg, er ist ja gefunden worden!! Das kann ich hier deutlich sehen. Sie müssten jede Minute einen Anruf bekommen, da bin ich sicher. Ich schreibe denen am Flughafen aber nochmals eine Mail..."

Jetzt weiter im Zeitraffer: Nach fünf (!) weiteren erfolglosen Anrufen in Frankfurt traurigen Stimmen in Molltönen und keinerlei Erklärungsmöglichkeiten (jedoch immer den Verweis: "Ich schreibe denen mal eine Mail...") muss der Trainer aufbrechen. Ersatzkoffer packen und los, wichtige Utensilien aus dem verloren aber gefundenen Koffer "mal eben" neu kaufen, da sie dringend benötigt werden.

Nach der Vorabendanreise zum Veranstaltungsort dann der Anruf (mittlerweile erzürnt) vom Hotelzimmer aus. Standpauke für den Mitarbeiter am anderen Ende der Leitung, als dieser wieder mit den Pauschalaussagen kam ("Herr Kattner, ich werde da direkt mal eine Mail schreiben...").

"Das brauchen Sie nicht zu tun, wie Sie sicherlich sehen werden haben das die ca. 7 Kollegen vor Ihnen auch bereits getan. Die (wer immer das auch ist) antworten nicht!! Ich habe die Aussage eines Ihrer Kollegen, dass mein Koffer heute morgen um 07.49h in Berlin gelandet ist. Ich frage mich, warum Berlin in satten 13 Stunden NICHT in der Lage ist, mich zu verständigen und mir meinen Koffer auszuliefern!!"

"Aber Herr Kattner, hier handelt es sich um eine Fehlinformation meines Kollegen. Es existierte lediglich eine Fluginformation für Ihren Koffer. Ob der Koffer in dieser Maschine war und ob er wirklich in Berlin gelandet ist, können wir in unserem System erst sehen, wenn er in Berlin als "gefunden" registriert ist.

Schweigen. Dinge, die nicht passieren dürfen.

Daraufhin ein verbaler Ausbruch des Vertriebstrainer im crescendo, der nicht weiter ausgeführt wird. Nun der heroische Einsatz des Mitarbeiters am Telefon: "Herr Kattner, dies überschreitet jetzt zwar meine Kompetenzen, aber ich werde für Sie jetzt mal in Düsseldorf anrufen. Da geht zwar meistens keiner dran, aber ich kann's ja mal versuchen." "Ich bleibe in der Leitung!", so die Reaktion von Sebastian Kattner auf Temperatur. Nach langen Minuten dann die Glockenstimme: "Herr Kattner, gute Nachrichten: Ich habe tatsächlich jemanden erreicht, was äußert selten ist und kann Ihnen sagen, dass

Ihr Koffer definitiv gefunden wurde." "DAS WEIß ICH BEREITS!" "Ja, und Ihr Koffer wird morgen früh definitiv in der Maschine nach Berlin sein."

"So Freunde, folgende Vorgehensweise: Wenn mein Koffer morgen früh in Berlin runtergekommen ist, bekomme ich PRONTO einen Anruf. Ich bin zwar in einer Veranstaltung, aber dann sprechen Sie mir bitte auf die Mailbox!"

Der nächste Tag. Mittags der Blick auf das Mobiltelefon: Keine Nachricht von der Kofferfraktion. Gegen 18.30h nach der Veranstaltung der erneute Blick – Lufthansa hat mich verlassen. Ca. 30 Minuten später aus dem Auto heraus dann mit hochrotem Kopf der Anruf in Frankfurt. "Oh, Herr Kattner, das ist ja komisch. Da schreibe ich direkt mal eine Mail..." "Nein, das werden Sie nicht tun, denn die antworten nicht." Okay Herr Kattner, das darf ich zwar eigentlich nicht, aber ich werde mal versuchen, am Flughafen anzurufen. Da erreicht am zwar meistens..." "Vergessen Sie auch das - da hebt keiner ab! Ich sage Ihnen folgendes: Ich sitze jetzt ca. 1,5 Stunden im Auto auf dem Weg zurück nach Berlin. Das ist der Zeitrahmen, den Sie haben, meinen Koffer zu finden. Sollte ich nachher auf der Avus noch keinen Anruf von Ihnen haben, werde ich nicht südlich nach Hause sondern nach Norden Richtung Flughafen Tegel abbiegen.

Dort werde ich keinen Stein auf dem anderen lassen, bis ich meinen Koffer habe. Sollte mein Koffer nicht in Tegel sein, geht morgen Mittag um 12.20h meine Maschine nach Düsseldorf. Dort werde ich genau das gleiche tun wie heute Abend in Tegel. Das ist jetzt Ihre Chance!"

Einflugschneise Avus, natürlich KEIN Anruf. Auf nach Tegel. Geparkt im absoluten Halteverbot vor dem Eingang des Abflugterminals und rein zur Gepäckermittlung. "Mein Name ist Sebastian Kattner, seit gestern suchen Sie nach meinem Koffer, der angeblich bereits seit längerem gefunden ist. Wie das geht weiß ich auch nicht, ist mir auch egal. Ich sage Ihnen wie es läuft: Sie suchen JETZT meinen Koffer, ich werden diesen Raum hier nicht mehr verlassen. Sie sollten jedoch wissen: Ich werde im 15-Minuten-Takt lauter werden..."

Die Dame hinter dem Tresen wird leichenblass, reagiert aber schnell. Sie greift direkt zum Hörer und ruft im Kofferlager an. Nichts, kein Koffer. Nächster Versuch beim Zoll. Der Kollege ist bemüht und schaut nochmals ganz genau nach.

Nichts. Stille. Blickkontakt.

"Ich werde jetzt mal eine Mail nach Düsseldorf schicken." Kattner, um Kontrolle ringend: "Schauen Sie bitte auf Ihren Bildschirm. Was sehen Sie?" "Ach ja, da sind ja schon ganz viele Mails geschrieben worden.." "So ist es. Ich schlage vor, dass Sie JETZT mal in Düsseldorf anrufen. Ich warte hier und drücke Ihnen die Daumen." "Oh, Herr Kattner, ich habe da aber gar keine Telefonnummer..." "Dann bekommen Sie diese JETZT heraus." Gefühlte zehn Telefonate später hat es die motivatorische Flamme der Mitarbeiterin entfacht. Sprudelnde Energie, weit geöffnete Augen: "Herr Kattner, ich habe jetzt den Supervisor im Dienst vom International Airport Düsseldorf erreicht, die Kollegin ist unterwegs und schaut nach.“ Ich erkenne, dass der jungen Frau gerade bewusst wird, dass sie sich auf ganz neuen Wegen befindet.

Spannend.

Nach fünf Minuten klingelt das Telefon im Raum der Gepäckermittlung Berlin Tegel. Der Blick der Mitarbeiterin senkt sich, die Stimme wird dünner. "Na ja, da kann man nichts machen..." und legt auf. Räuspern. "Herr Kattner, Ihr Koffer ist nicht mehr in Düsseldorf."

"Wo ist mein Koffer?"

"Es kann jetzt natürlich sein, dass der Mitarbeiter, der Ihren Koffer verladen hat, diesen Koffer in einen falschen Container geworfen hat. Dann wäre Ihr Koffer jetzt entweder in New York oder irgendwo in Asien. Ich werde jetzt eine spezielle Abteilung informieren, da sitzen Kollegen, die 24 Stunden am Tag nichts anderen machen, als weltweit nach Gepäck zu suchen. Wir finden Ihren Koffer, es kann allerdings drei Monate dauern..."

Verkrampftes Lächeln.
Bemühter Optimismus.

Der Vertriebstrainer wollte gerade den Raum verlassen, erschöpft, ergeben, da klingelt sein Handy. Am anderen Ende der Leitung ist der Supervisor im Dienst des Flughafens Düsseldorf: "Herr Kattner, Sie standen gerade bei meiner Kollegin in Tegel..." "Die sitzt noch vor mir." "Darf ich die noch einmal kurz sprechen?" Das Handy wandert über den Tresen. Die Kollegin lauscht aufmerksam. "Echt? Muss ich mal schauen.... Ach ja, tatsächlich, da ist er ja. Na ja, das kann ja mal passieren..." Aufgelegt.

Blickkontakt.
Lächeln.

"Herr Kattner, folgendes ist passiert. In Düsseldorf war gestern das Gepäckband der Lufthansa defekt, deshalb ist Ihr Koffer nicht mit der Lufthansa nach Berlin geflogen worden, sondern mir der airberlin. Und da das Gepäckstück dann auch anders ausgezeichnet wurde habe ich es nicht hier wiederfinden können. Kurz: Ihr Koffer steht hier in Tegel, ich erkläre Ihnen den Weg zur Abholstelle beim Zoll..."

30 Minuten später geht ein sichtlich ermüdeter Vertriebstrainer mit seinem Koffer aus dem Flughafenterminal Tegel.

Was bleibt sind viele Fragezeichen. Aber: Dinge können ja mal passieren...

„Grey's Anatomy"

Was habe ich dieses Produkt geliebt. Ich gehörte zwar nicht zu den "Jüngern", die alles toll finden, was aus der Schmiede dieses Unternehmens kommt. Und dennoch: Ich habe dieses eine Produkt geliebt… So sehr, dass ich dem Rechner sogar liebevoll einen Namen gab.

"Emily" hieß die Lady, sie begleitete mich auf all meinen Wegen. Sie war treu, sie ließ mich nie im Stich. Bis zu diesem einen grauen Herbsttag…

Eine Situation, wie es sie millionenfach gibt – nur vielleicht nicht in der Welt mit den Produkten dieses Herstellers: Sebastian Kattner sitzt im Büro am Schreitisch und arbeitet an einem Trainingskonzept für einen Kunden. Die Sache hat einigermaßen Zeitdruck, der Kunde hat Leidensdruck und Schmerzen – seine Vertriebsmannschaft will nicht mehr so recht.

Dann das Unvorstellbare: Plötzlich ein schwarzer Bildschirm! "Merkwürdig", denkt der Vertriebstrainer. "Das kennt man doch so nur von den Produkten des Mitbewerbs…" Ich muss korrigieren, die Reaktion war deutlich emotionaler: "Emily, was ist los??"

Angeschlossen an die Stromversorgung. Nichts. Mit dem Ohr langsam in Richtung Tastatur / Mainboard bewegt. Stille. Nichts.

"Okay, bleib ruhig. Emily, ich mach das jetzt nicht gerne, aber mir fällt jetzt gerade nichts Besseres ein. Ich schalte dich jetzt einfach mal ab und hole dich direkt danach wieder zurück. Bist du bereit?" – Im Nachhinein löst die kritische Reflexion des eigenen Verhaltens schon Kopfschütteln aus, aber wo die Liebe halt hinfällt…

Power-Taste länger als drei Sekunden gedrückt. "Klack". 21, 22, 23, – "So Leute, alle einen Schritt zurück, wir starten die Reanimation!"

Power-Taste erneut gedrückt, professionell, souverän und deutlich kürzer als drei Sekunden. Strike! Ich höre die Festplatte! Sie lebt.

Ich wusste es, ich wusste es!! Gebanntes Warten auf die angebissene Frucht auf dem schwarzen Bildschirm, Hitchcock hätte nicht mehr Dramatik inszenieren können.

Nichts. Stille. Schwarz. – Nicht meine Farbe, wie seitdem für mich feststeht.

Die nächsten Schritte im Zeitraffer: Nochmals das gleiche Szenario wiederholt, auf einem Bein kann man ja bekanntlich nicht stehen. Akku ausgebaut, die Ruhezeit zwischen Ein- und Ausschalten erhöht, zunehmend die aufsteigende Angst gespürt, wirre Tastenkombinationen während des Bootvorgangs gedrückt.

Ein Mann in beginnender Panik.

Die innere Stimme (ich hoffe, dass es eine INNERE Stimme war und ich diese Sätze nicht wirklich ausgerufen habe): "Emily, tue mir das jetzt nicht an, das kannst du jetzt einfach nicht machen, nicht jetzt. Ich habe dich doch immer gut behandelt, wir waren doch glücklich..." So manch eine Verlassene wäre glücklich über diese warmen Worte gewesen, schießt es mir durch den Kopf. Doch dieser Gedanke wird direkt verworfen, wir haben hier eine Krisensituation.

Dann der rettende Gedanke: Mit dem Auto gerade einmal 15 Minuten entfernt befindet sich der vor kurzem eröffnete Flagship-Store des Herstellers!! "Emily, halte durch. Ich hole Hilfe..."

Rein ins Auto, den Gummiabrieb der 265er-Reifen auf dem Asphalt sieht man noch heute. 12 Minuten später (Mann bin ich gut...) die sichere Landung im absoluten Halteverbot vor dem Store. Das hatte schon was von Grey's Anatomy. Egal, um die Vermarktung kümmerst du dich später...

Rein in die Bude. Lächelnde, junge, positive, hübsche Menschen. Bin ich hier mit Emily bereits im Paradies gelandet oder was? Orientierung. Wo ist denn hier die Notaufnahme? Scheint es in der Welt dieses Unternehmens nicht zu geben. Egal, dann irgend jemand: "Hallo, herzlich Willkommen. Was kann ich für DICH tun?"

Kurz zuckt es in meinem Kopf. Kenne ich den Typen? Irgendeine Party? Irgendwo an irgendeiner Bar? Beim Schafe hüten kennen gelernt? – Unwichtig, Kattner, jetzt konzentriere dich! Es geht um so viel mehr…

"Ja, ich habe hier meinen Rechner im Arm, ich weiß, das wird hier wahrscheinlich so ziemlich jeder sagen, aber für mich ist dieser Rechner wirklich SEHR SEHR WICHTIG! Ich nutze ihn beruflich und bin gerade in einem SEHR SEHR WICHTIGEN Projekt und eben wurde von jetzt auf gleich einfach der Bildschirm schwarz.

Wieder Zeitraffer: Emotionale, verzweifelte Schilderungen des Zustands und der möglichen Auswirkungen.

Bittender, flehender Blick.

"Okay, ich verstehe. Das klingt dringend." Der hat es verstanden. WOW. Jetzt muss gleich die Sirene ertönen und fünf bis sechs Mitarbeiter aus dem Genius-Bereich kommen herbei gestürmt. "Weiße Kittel wären jetzt cool", denke ich noch. Aber bleib auf dem Teppich, es muss auch nicht unbedingt Meredith Grey oder Derek Shepherd sein…

"Hattest DU denn einen Termin?" Die Frage schlug ein wie eine Granate. Ich hätte jetzt gerne in mein eigenes Gesicht geschaut, Pastewka hätte nicht dümmer aus der Wäsche gucken können. Also von Tempo 200 in den absoluten Stillstand.

"Bitte wie meinen?" "Na ja, ob DU im Vorfeld einen Termin für DICH reserviert hast?"

Komisch, das haben die bei Grey's Anatomy immer rausgeschnitten: Dass der Verunglückte nach erfolgter Massenkarambolage zunächst sein Handy zückt, mal eben kurz im Hospital anruft und den OP-Saal reserviert war mir bisher völlig verborgen. Ist ja vielleicht auch zu langweilig für den Fan amerikanischer Serien, zu viele Details verwirren womöglich nur…

Zurück zu meiner Emily, die im Sterben liegt: "Nein, das habe ich nicht. Ich weiß ja nicht, ob ich eben hebräisch gesprochen habe, aber ich sagte, dass der Vorfall EBEN eingetreten ist, ich an einem SEHR WICHTIGEN Kundenprojekt arbeite und das Überleben meines Rechners aus diesem Grund SEHR WICHTIG ist."

Heute, einige unruhige Nächte später, beginne ich, Verständnis für den jungen Mann zu entwickeln, eine zarte Pflanze des Friedens wächst in mir.

Es war einfach nicht seine Welt, er besaß nicht die Phantasie, nicht die Vorstellungskraft, sich in die Lage eines Nutzers zu versetzen, der all sein Gottvertrauen in eines der Produkte dieses Früchteherstellers gelegt hat.

"Wenn DU online keinen Termin reserviert hast kann ich jetzt leider nichts für DICH tun." Nächster atomarer Einschlag. Ich finde, Freunde (und wir sind doch Freunde, wo wir uns doch duzen…) reden nicht auf diese zerstörerische Art und Weise miteinander.

Es wurde also Zeit, dem jungen Himmelsstürmer die Synapsen zu öffnen: "So Partner, mal Klartext: Ich bin selbstständig und meine gesamte Firma arbeitet in verschiedenen Bereichen mit den Produkten aus diesem Haus. Wenn hier jetzt nichts passiert fahre ich zurück in die Firma, reiße alles aus der Steckdose, was euer Logo hat, packe mir das Zeug ins Auto und werfe euch das innerhalb der nächsten Stunde ins Schaufenster!"

Blickkontakt.

Da stürzte er ab, der Himmelsstürmer. Die Auge aufgerissen, die Pupillen weit geöffnet, der Unterkiefer fiel – war das Schnappatmung? Ich konnte es in den Augen sehen: Jemand war in sein Paradies eingebrochen und hatte alles kaputt gemacht. Tut mir leid.

"Hallo? McFly? Jemand zu Hause?" Tatsächlich, eine Reaktion. Er zückte sein Was-weiß-ich-technisches-Ding und stotterte dort hinein! "Geht doch", denke ich, obwohl er mir in seiner pränatalen Stellung schon ein wenig Sorgen machte.

“Hey Leute, ich habe hier einen Kunden mit einem Notfall. Er hat keinen Termin, aber es scheint echt dringend zu sein. Können wir den irgendwie dazwischen schieben?”

Heldenhaft. So sehen amerikanisch geprägte Retter aus. Jetzt wird es Zeit für positive Musik im Dur, das Licht hier sollte wärmer werden und all die Menschen um mich herum sollten sich doch nun eigentlich an den Händen nehmen, für all das hatte ich keinen Blick mehr. Volle Konzentration auf den Himmelsstürmer.

“Ah, okay, gut. Danke”

Blickkontakt. Zucken im Mundwinkel. Ist da eine Träne in seinem Auge?

Ich: “Und?” – Er: “Geht nicht, die haben keine Zeit.”

Die letzte Schlacht war geschlagen. Ich verließ das Paradies. Emily starb in meinen Armen.

Was lernen wir: Premium stirbt leider häufig mit erfolgtem Kaufabschluss. Ich denke, dass es den Kunden dieser Kategorie deutlich wichtiger ist, schnellen und nutzbringenden Service zu erhalten als massive Tische aus Original deutscher Eiche zu bewundern, auf denen die Produkte präsentiert werden. Der Europachef dieses Herstellers kündigte mit der Eröffnung dieses Flagship-Stores einen Service in bisher unbekannter Dimension an. Was ich erlebte war unterlassene Hilfeleistung – in Deutschland eigentlich strafbar.

Epilog: Es kam zu einem Termin für die Diagnostik. Das Ergebnis war, dass der Grafikchip auf dem Board sein Leben verlor, ein Phänomen, dass sowohl im Hause des Chipherstellers als auch innerhalb des Premium-Herstellers bekannt und als fehlerhaft eingestuft war. Es hätte auch für genau diesen Fall ein Kulanz-Zeitfenster gegeben, innerhalb dessen Kunden, bei denen dieser Schaden aufgetreten war, kostenlos ein neues Board mit einem optimierten Chipsatz eingebaut bekommen hätten. Nur sei dieses Zeitfenster in meinem Fall leider verstrichen… Auch an dieser Stelle meine Frage: Was um Himmels Willen ist hieran “Premium”?

Sehr gerne stehe man allerdings zur Verfügung, um bezüglich der neuen Rechnergeneration beraten zu können.

Emily starb. Sonst nichts.

3. Kauferlebnisse

„Kann ich Ihnen helfen?“

Sebastian Kattner fragt: Kennen Sie das? Wie ermüdend ist es, vor einem allseits bekannten Bekleidungsgeschäft zu stehen und bereits vor dem Betreten der Verkaufsfläche zu wissen, was in den nächsten Minuten passieren wird?

Sie betreten die Verkaufsfläche. Sie stöbern ein wenig herum und bleiben an einem Warenpräsenter oder einem Regal stehen und warten darauf, dass etwas passiert. Blättern Sie bitte in Ihrer Erinnerung zurück: Was ist denn in diesen Situationen passiert? Drei Szenarien:

Szenario 1: Es passiert NICHTS! Verkäufer sehen Sie und flüchten, sind auf einmal unheimlich beschäftigt.

Szenario 2: Tatsächlich! Es kommt ein Verkäufer auf Sie zu! Dann die Klassiker-Frage: "Kann ich Ihnen helfen?" - Ich habe mir im Laufe der Jahre einige Automatismen angeeignet, in Situationen wie diesen zu reagieren. Ich kann gar nicht mehr anders als auf diese Art zu reagieren. Daher meine Reaktion auf die Ansprache des Verkäufers: Tieftrauriger Blick, gesenktes Haupt die Unterlippe verzieht sich zu einem leidenden Gesichtsausdruck und ganz wichtig: Kopfschütteln. "Nein, mir kann leider niemand helfen!" - Totale Konfusion beim Verkäufer, peinlich berührtes Abdrehen und Flucht.

Szenario 3: Verkäufer nähert sich und fragt: "Wie kann ich Ihnen helfen?" - Wow, ich bin beeindruckt! Ich habe es hier mit einem Verkäufer zu tun, der im Laufe seiner Karriere mehrfach an einer Weiterbildungsmaßnahme teilgenommen hat und knallhart die Vorgabe des Gesprächsbeginns mit einer offenen Frage für sich internalisiert hat. Toll, Glückwunsch!

Mal ehrlich, wie sehr wünschen Sie sich nicht auch, an dieser Stelle einmal angenehm von diesem Verkäufer überrascht zu werden?

Was für eine wunderbare Möglichkeit ist es, in dieser Phase des Kundenkontaktes ein Lächeln in das Gesicht des Kunden zu zaubern? Und wie wäre dann der weitere Verlauf des Gesprächs? Und wie groß wären dann die Chancen, dem Kunden etwas zu verkaufen, ja vielleicht sogar mehr zu verkaufen, als dieser ursprünglich kaufen wollte?

Und: Wie schön und interessant wäre der Tag für Verkäufer und wie schnell würde die Arbeitszeit vergehen? Weil er eben nicht mehr die Dinge immer auf die gleiche Art und Weise tun würde?

An alle, die dies jetzt lesen und Verantwortung für diese Verkäufer tragen:

kattner.TRAINIERT. hilft Ihnen gerne!

„Wenn Du ihn nicht überzeugen kannst – VERWIRRE IHN!“

kattner.TRAINIERT. unternimmt einmal mehr einen heroischen Anlauf, die Welt kommunikativ ein wenig besser zu machen. Diesmal nehmen wir die wunderbare Welt der Telekommunikation unter die Lupe. Also rein in das Mobilfunk-Fachgeschäft, zielsicher mit vollem Selbstvertrauen den Experten hinter dem Tresen angesteuert. "Bitteschön" und "Kann ich Ihnen helfen" hatten wir schon in zurückliegenden Kapiteln - von daher überspringen wir dieses Thema, es würde uns an dieser Stelle nur traurig machen.

Die Ausgangssituation ist wie folgt: Ich komme ALLEINE in das Geschäft, gebe mich als Geschäftskunde zu erkennen (der ich ja auch bin) und möchte ein Angebot über einen für meine Bedürfnisse passenden Mobilfunktarif erhalten.

Ich gebe einige wenige Basisinformationen bezüglich meines Telefonie- und Surfverhaltens - SMS nutze ich selten. All dies hat den jungen Mann vom Fach sichtlich unbeeindruckt gelassen. Lässig, wie er da auf seinem Barhocker hinter seinem Tresen posierte. Er hatte auch weiter keine Fragen, einen wie mich hat er wahrscheinlich zweihundertmal am Tag.

Was dann kam ist etwas für Gourmets: Ich bekam von ihm ein Angebot über sage und schreibe zehn(!) Mobilfunkverträge, von denen ich allerdings nach Vertragsabschluss innerhalb des ersten Monats neun(!) Verträge direkt wieder kündigen solle. O-Ton: "Da haben wir dann alle was davon - wir und Sie!"

Stille.

Ich starre ihn an. Ich habe vereinzelt davon gehört, dass den Kunden gerne mal zwei oder drei Verträge verkauft werden, weil sie diese unbedingt benötigen.

Aber zehn(!) Verträge für eine einzelne Person und dann noch ganz offen den Missbrauch zu erläutern - das ist eine neue Liga für mich.

Ich: "Das müssen Sie mir jetzt aber mal erklären..." Gegen das, was dann folgte sind Rechenbeispiele eines Atomphysikers Kindergeburtstag.

Ich war ja nun lange Jahre in dieser Branche aktiv gewesen, doch die Gedankengänge dieses Fachmannes waren mit Verlaub sehr gewittrig. Ich bin voller Mitleid mit Kunden, die absolut unbewandert in dieser Materie sind. Unmoralische Angebote können ja verlockend sein, wie man seit Robert Redford weiß, jedoch: Mir als Geschäftsmann solch ein unseriöses Angebot zu machen, es auf diese Art und Weise zu präsentieren, mir minutenlang von Dingen zu berichten, die meilenweit an meinem Bedürfnis vorbeigehen und dabei noch so unglaublich selbstsicher und abschlussgewiss zu sein ist schon beeindruckend. Welcher Geschäftskunde wird dies hier unterschreiben?

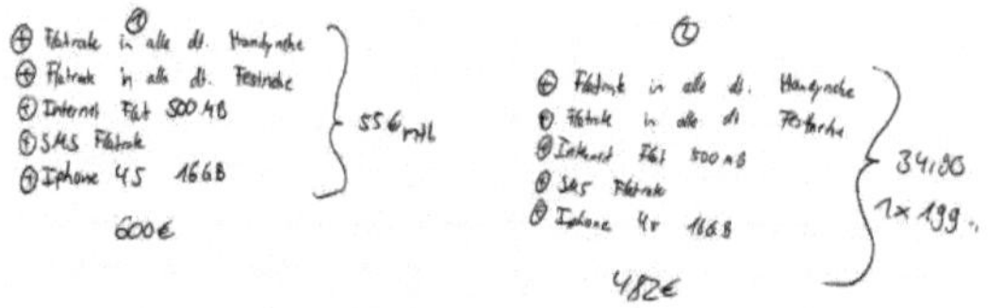

Der Trainer Sebastian Kattner weiß, dass Mobilfunk-Netzbetreiber Millionen-Budgets investieren, um das eigene Personal zu trainieren - die Frage ist nur, wie zielführend die Maßnahmen in der Vergangenheit waren. Wo war dieser Berater, als er die Einladung zu seinem Training erhalten hat und vor allem: Warum ist er nicht hingegangen?

Es kann so einfach sein: Höre deinem Kunden zu, höre genau hin, was er sagt. Frage nach, wenn Du mehr Informationen benötigst. Und jetzt die Zauberformel. Erstens: Rede nur über die Dinge, die den Kunden wirklich interessieren, sprich: Von denen er einen Nutzen hat.

Zweitens: Mache die Dinge so einfach, dass es ein Kunde versteht, der sich noch nie mit dieser Materie auseinandergesetzt hat.

Viel mehr ist es nicht, um eine solide Beratung durchzuführen. Alles Weitere ist dann für die Galerie... Häufig sagen Kunden an dieser Stelle, dass sie darüber noch einmal nachdenken wollen, um aus dieser Situation herauszukommen. Sebastian Kattner hatte an dieser Stelle einfach nicht mehr die Kraft dazu...

Vorsprung beginnt.... Wo genau?

Der Vertriebstrainer muss sich wundern...

Alle drei Jahre ist es soweit - das neue Firmenfahrzeug muss her. Ich überspringe an dieser Stelle alle desaströsen Erfahrungen hinsichtlich der Beratungskompetenz von Premiumanbietern. Nein, dies wäre zu leicht, zu banal, zu erwartet.

Man glaubt gar nicht, was heutzutage technisch alles möglich ist, alles UNHEIMLICH nutzbringend für den geneigten Kunden. In blumigsten Worten, mit geschult-erdachten Szenarien ("Stellen Sie sich vor...") werden bisher unbekannte Möglichkeiten und Dienste angepriesen und genau in meine Welt transportiert. Ich habe in der Tat das Gefühl, dass dieses Fahrzeug nun endgültig die Lösung all meiner Probleme darstellt.

Der Tag der Auslieferung naht und der Trainer Sebastian Kattner spürt - wie soll ich sagen: Er antizipiert bereits, dass Unheil droht. Deshalb der wohlwollende Anruf bei dem mich betreuenden Verkäufer des hochgepriesenen Premium-Herstellers: "Wenn ich nächste Woche das Auto abhole, dann brauche ich keine Einweisung, wie ich den Wagen auf- und zuschließen kann oder wie die elektrischen Fensterheber funktionieren. Können wir alles skippen. Ich brauche intensive Einweisung in die Online-Dienste und deren Möglichkeiten, die ich dann nutzen kann. Ich bringe alles mit, was Sie benötigen - SIM-Karte, Daten Flatrate und ich möchte, dass diese Karte lediglich für den Datentraffic verantwortlich ist und ich "Voice" manuell von meinem Telefon aus über die Bluetooth-Schnittstelle administrieren kann."

Untergang.
Volltreffer.

Ich kann das Entsetzen durch die Telefonleitung sehen. So hört sich also Verzweiflung an. „Hallo? Sind Sie noch dran?“

Reaktion des Verkäufers: "Herr Kattner, da gehen wir schnell drüber - die meisten Sachen muss man dann sowieso selber erfahren und ausprobieren..."

Es kam, wie es kommen musste: Der Tag der Auslieferung, die Mobilfunkkarte meines Netzbetreibers wurde installiert und eine Feierstimmung wie nach einem Endspielsieg der Fußball-Weltmeisterschaft, als die Information des Netzempfangs auf dem Bildschirm meines Bordcomputers auftaucht.

"Funktioniert alles, gute Fahrt!!"

Was soll ein Kunde an dieser Stelle tun, welche Möglichkeiten hat er? Eskalieren, ja, auf sein Recht bestehen, eine kompetente und ausführliche Einweisung in sein 85.000 Euro-Fahrzeug zu bekommen. Doch wenn der Kunde das sichere Gefühl hat, dass die ansässigen Mitarbeiter diese Erklärungen nicht liefern KÖNNEN, wenn zudem die Aussage erteilt wird, dass wir nun langsam zum Schluss kommen müssten, da direkt im Anschluss ein SUV bereits zur Auslieferung bereit steht und der Kollege mitsamt Kunden bereits wartet, dann hisst der bemitleidenswerte Kunde nachvollziehbar die Fahne...

Doch wir leben ja heutzutage in nahezu unbegrenzten Möglichkeiten, die Hersteller sind so unfassbar bemüht um die Zufriedenheit der Kunden - vertrauen wir doch einfach mal darauf.

Initialzündung war der Anruf eines Freundes, der erfuhr, dass ich diesen Dienst im Fahrzeug verbaut habe: "Weißt Du eigentlich, was damit alles möglich ist?? Du kannst..."

Und dann begann eine schier endlose Aufzählung, die den Vertriebstrainer sehr nachdenklich machte. Einmal entfacht machte sich Sebastian Kattner gleich daran, über das Internet mehr zu erfahren und wurde nachhaltig bestätigt - dieser Dienst leistet richtig nutzbringende Dinge für mich.

Was tun? Ich brauche nun jemanden, der mir diese Möglichkeiten erklärt. Das ausliefernde Autohaus scheidet schon mal aus - die wissen es auch nicht so genau. RUFEN WIR DOCH MAL DEN KUNDENSERVICE DES PREMIUM HERSTELLERS AN - der ist doch immer so bemüht und fragt immer, ob es mir auch gut geht! Vielleicht haben die ja eine Lösung für mich...

Gesagt getan. Gekürzt: "Kattner mein Name, ich habe vor zehn Tagen mein Fahrzeug abgeholt und stelle gerade fest, dass zwischen dem, was mir bei der Auslieferung vermittelt wurde und dem, was das Fahrzeug zu leisten imstande ist ein Graben existiert, der vergleichbar mit dem Mariannengraben ist. Ich möchte niemandem die Zeit stehlen, dennoch denke ich, dass diese Einführung nicht den Ansprüchen eines Premiumherstellers genügt hat."

Betroffenheit. Aktives Zuhören.

"Hm, Herr Kattner, das ist natürlich nicht wünschenswert. Da empfehle ich Ihnen, dass Sie sich nochmals mit dem Autohaus in Verbindung setzen, um in einem Folgetermin dies nachzuholen."

Hier tritt wieder einmal schonungslos zutage, wie wichtig es für einen Kundenberater ist, auch "zwischen den Zeilen" lesen zu können. Wie groß ist die Motivation eines Kunden, diesen Weg einzuschlagen? - Der Trainer wählt eine andere Strategie: "Vielen Dank für Ihre Anregung, doch der ausliefernde Händler ist 630 Kilometer entfernt. Ich denke nicht, dass an dieser Stelle Kosten und Nutzen in einem gesunden Verhältnis stehen."

Ich spüre, dass dieser Einwand dem Kundenbetreuer weh tut, da nun die kreativen Grenzen dieses Menschen nicht mehr zu verheimlichen sind: "Na ja, dann wird es schwierig, weil ja die Partner an Ihrem Standort das Fahrzeug nicht ausgeliefert haben. Vielleicht können Sie trotzdem dort vorstellig werden und dem dortigen Partner wenigstens zusagen, dass Sie das Fahrzeug dort regelmäßig zur Inspektion geben. Das könnte das Autohaus vielleicht motivieren. Alternativ gebe ich Ihnen folgenden Tipp:"

Jetzt kommt's. Erwartungsschwangere Stille. Adrenalin.

"Unter www. my... .de finden Sie ganz tolle Informationen. Das ist eigentlich ganz selbsterklärend."

Nochmals zur Vertiefung, damit es auch den Maulwürfen unter uns deutlich wird: Ich habe vor zehn Tagen für 85.000 Euro ein Fahrzeug gekauft und bekomme jetzt eine Internet-Domain, um zurecht zu finden. Ist das nicht eigentlich die Strategie von Discount Anbietern?

Hier tritt nun wieder die früher bereits zitierte Terrier-Mentatlität des Vertriebstrainers ein, die schon so oft wertvolle Dienste geleistet hat. Der Hersteller hat doch eine glorreiche Hauptstadt-Repräsentanz! Imagepflege pur, hier steht nur die Marke im Vordergrund, eine Begegnungsstätte, in der Kunden die Marke erleben, fühlen sollen. Kunden bekommen Leder-Exponate gereicht, damit die Kinästheten unter uns ein gutes Gefühl haben, quadratische Exemplare mit der jeweilig gewählten Lackfarbe, damit die visuell veranlagten entspannen können - kurz: Ein Tempel der Kundenorientierung.

Kattner hat Glück, dies wird sein Moment: Er hält direkt vor dem Eingang des Tempels mit dem Objekt der Unwissenheit.

Rein in die heiligen Hallen, zwei erwartungsvolle jungdynamische Menschen strömen Premium aus.

Ich erkläre in kurzen Worten meine Situation und: So wird's gemacht! "Herr Kattner, gut dass Sie direkt mit dem Fahrzeug hier sind. Ich hole Ihnen direkt unseren Fachmann für dieses Thema. Der begleitet Sie dann direkt in Ihr Fahrzeug.

So sehen Sieger aus.

Was jetzt kommt ist ungekürzt: 30 Sekunden nach Alarmierung kommt ein leichtfüßiger Enddreißiger die Treppen heruntergetippelt: "Sie sind Herr Kattner und benötigen Infos zu den Online Diensten in Ihrem Fahrzeug?" "Ja, vielen Dank für Ihre Zeit." "Ich habe fünf Minuten für Sie, dann möchte ich in meine Pause gehen."

Manchmal kommen die Gegner in Momenten, in denen man sie nicht mehr vermutet...

"Ich nehme alles, was Sie mir geben können..." Der Blick ist an dieser Stelle bereits nach unten geneigt.

Nach einigen Basisinformationen ergibt sich nach fünf (!) Minuten folgendes Szenario: Drei kollegiale Vertreter der Hauptstadt-Repräsentanz stehen versetzt rechts vor der Frontscheibe meines Fahrzeugs und sehnen sich in Erwartung der Mittagspause nach ihrem Kollegen, der neben mir auf dem Beifahrersitz leidet.

"Dann machen wir an dieser Stelle mal Schluss - ich sehe ja, dass die Kollegen bereits warten." "Alles klar, schönes Fahrzeug haben Sie da gekauft!" - Und raus.

Ohne Worte.

Epilog: Liebe Hersteller, ihr könnt entwickeln, was ihr wollt. Ihr könnt innovativ sein, immer neue Möglichkeiten anbieten. Wenn ihr es nicht schafft, das Personal auf die veränderten Nutzung auszurichten, wer soll denn diese tolle neue Welt kaufen?

Ich brauche keine Anrufe im After Sale Prozess, in denen mir traurige Stimmen versichern, wie betroffen sie sind, dass "das alles nicht so gut gelaufen ist". Ich brauche keine Hochglanz-Prospekte, die offerieren, dass die heile Welt genau in diesem Fahrzeugmodell gelandet ist.

Was kaufen die Kunden der Zukunft? Elektrische Fensterheber? Einstellmöglichkeiten einer Heckklappe? Neue Dienste?

Der Anspruch auf begeisternde Produkte und Dienstleistungen scheitert immer häufiger am Menschen, der die Brücke zum Kunden schlagen soll. Warum? Weil an dieser Stelle allzu häufig eingespart wird oder fehlerhaften Konzepten gefolgt wird. Die Gefahr ist, dass technische Innovation das menschliche Potential in den eigenen Reihen überholt und am Ende kein Mensch mitgenommen wird. Aber das ist doch eigentlich der Grundgedanke der Mobilität, oder?

4. Überlebenschancen in der Servicewüste

„Gedanken eines Vertriebstrainers“ (Teil 1)

... zum Thema "Mitarbeiter im Bereich Call Center":

Wer kennt das nicht? Da hat man mal eine Frage und ruft die viel beworbene Hotline an. Was haben Sie erlebt am anderen Ende der Leitung? Einen genervten Agenten, der Ihnen deutlich zu verstehen gibt, dass Sie gerade seinen Tag und seine selten gute Laune verderben?

Sie erleben das nahezu von Tag zu Tag: Ihr Telefon klingelt und eine Standard-Stimme am anderen Ende preist in höchsten Töne ein Produkt an. Ist dieser Mensch auch nur einmal auf Sie eingegangen? Hat diese Stimme Ihr Interesse geweckt?

... zum Thema "Verkauf":

Ist es nicht ermüdend, schon vor dem Betreten eines Geschäftes zu wissen, was sich in den nächsten 15 Minuten abspielen wird? Wie sehr sehnen Sie sich danach, etwas außergewöhnliches zu erleben oder von diesem Menschen, der dort steht und verkauft, überrascht zu werden?

Denken Sie doch einmal darüber nach: Wie wäre es, wenn Sie als Kunde auf einen Verkäufer stoßen, der in der Lage ist, Ihre Bedürfnisse zu erfragen und der Ihnen das angenehme Gefühl gibt, sich mit Ihnen - und nur mit Ihnen - zu beschäftigen?

... zum Thema "Cross- und Upselling am Telefon":

Wer hätte das gedacht? Da ruft man eine Hotline an, schiebt dieses Telefonat den ganzen Tag vor sich her.

Man hat Gänsehaut, die Nackenhaare sträuben sich und dann: Plötzlich und unerwartet löst diese fremde Stimme nicht nur das ursprüngliche Problem, sondern begleitet Sie auf eine wundervolle Einkaufsreise...

Angebote hier, Super-Sonder-Sparwochen da, individuelle Serienbriefe "nur und ganz persönlich für Sie..." - Wünschen Sie sich nicht auch manchmal, dass das Telefon klingelt und jemand Ihnen ein ernst gemeintes Angebot macht? Moral hin oder her...

... zum Thema "Einwandbehandlung":

"Da kann man doch gar nicht "Nein" sagen", spricht der Starverkäufer. Und ob Sie das können! Wie oft haben Sie erlebt, dass genau diesem Starverkäufer die Luft ausgeht, nur weil Sie mal die Stirn gerunzelt haben?

... zum Thema Kundenzufriedenheit:

"Schatz, wie war ich?" - Zufriedenheit in jeder Pore, so schätzt man(n) es zumindest ein. Aber wo bleiben denn die Kunden, warum kommen sie denn nicht zurück? Sie wollten doch nur Zigaretten holen gehen...

... zum Thema "Kundenrückgewinnung":

Auch Sie haben sich einmal für diesen einen Kunden interessiert.

Das ist lange her - versuchen Sie sich bitte daran zu erinnern. Versetzen Sie sich bitte genau an diesen Zeitpunkt zurück: Wie viel war er Ihnen wert?

... zum Thema "Motivation im Verkauf":

Versetzen Sie sich bitte jetzt an den Punkt, an dem Sie Erfolg hatten oder einen Sieg errungen haben. Fühlen Sie die Stärke, die Kraft in Ihrem Körper?

Versetzen Sie sich nun bitte an einen Punkt, an dem Sie sich unwohl fühlten und eine Niederlage erleben mussten: Stehen Sie noch aufrecht?

„Gedanken eines Vertriebstrainers..." (Teil 2)

... zum Thema "Emotional Selling":

"Ich fasziniere jeden! Bei mir läuft alles über meine Person, mein Charisma! Den ganzen Präsentations- und Verhaltens-Schnickschnack brauche ich nicht! Warum keiner meine Produkte kauft? - Das weiß ich doch nicht!

Schließen Sie für einen Moment die Augen: Erinnern Sie sich an den Moment, an dem Sie das erste Verkaufsgespräch führen mussten? Die flache Atmung, der Schwindelanfall, die dünne Stimme? Wie sehr haben Sie sich gewünscht, dass dieser Kunde keine Fragen stellt oder Bedenken äußert? Es geht auch anders...

... zum Thema "Schaffung von Multiplikatoren im Unternehmen":

Herr Redlich hat einen Auftrag vom Chef bekommen, mehr noch: eine Mission. Er soll die Dinge, die er gelernt, anderen Kollegen vermitteln. Tolle Sache!

Wenn er nur wüsste, wie...

Herr Redlich hat es fachlich voll drauf: Immer wieder soll er die Kollegen an seinem Wissen teilhaben lassen, doch dieses undankbare Volk schläft regelmäßig ein, nimmt so gar nichts von ihm an und ist auch sonst eher respektlos.

"Die können mich wohl nicht leiden..."

Oder ist da noch etwas anderes?

"Mensch Redlich! Hätt' ich nie gedacht, dass wir alles hier auch direkt praktisch umsetzen werden. Ich sag dir eins: Redlich, wenn das klappt, dann ziehe ich den Hut vor dir..."

Herr Redlich schweigt und genießt still.

... zum Thema "Ziel versus Vision":

"Wenn Sie mich fragen, dann können Ziele gar nicht hoch genug gesteckt sein", sagt der Chef. "The sky is the limit", sagen viele Motivationskünstler. Stellt sich nur die Frage: Was ist der Unterschied zwischen Ziel und Vision?

... zum Thema "Verkäuferverhalten":

I

Was halten Sie persönlich von Rollentausch? Nein, nicht was Sie jetzt denken... Tun Sie zu Hause ruhig, was Sie wollen - aber wäre es nicht von Interesse, selbst einmal in die Rolle eines Kunden zu schlüpfen?

Sie werden sehen...

II

"Na gut, meine Arme waren vielleicht verschränkt... Ob ich ihn begrüßt habe? Der hat doch auch nicht gegrüßt, als er ins Geschäft kam! Was soll ich den denn großartig fragen? Der wollte doch sowieso nichts kaufen!"

Und was kann ich für Ihre Mitarbeiter tun?

III

Ein Mann kommt ins Geschäft und man sieht ihm sofort an, dass er frisch aus dem Urlaub kommt. Eine Frau betritt den Laden und hat ihr wunderschönes Baby auf dem Arm. "Kann ich Ihnen helfen?" -

Wie sehr sehnen Sie sich danach, ein Gespräch mal ganz anders zu beginnen?

IV

Sie waren gut. So richtig gut. Spekuliert, taktiert, forsch agiert. Nun liegen die Karten auf dem Tisch - im Fußball würde man dies wohl einen Elfmeter nennen. "Mach ich aus dem Stand" denken Sie sich.

Wenn Sie doch nur zwei Schritte Anlauf genommen hätten und den Kunden gefragt hätten, wie ER sich bei Ihrem Angebot fühlt...

... zum Thema "Grundvoraussetzungen und Methoden":

I

"Ein guter Verkäufer ist auch immer abhängig von den herrschenden Rahmenbedingungen. Die Kunden müssen freundlich sein, die Sonne muss scheinen, der Preis muss stimmen!"

Wenn auch Sie der Meinung sind, dass im Sommer nicht immer die Sonne scheint und auch Schatten wärmen kann, rufen Sie mich an!

II

Nichts gegen den olympischen Gedanken, aber "Dabei sein ist alles" reicht als Maxime für die Teilnehme an einem Training nicht: Heiße-Kohlen-Seminare, an die sich zwei Wochen später niemand mehr erinnert, führen auch nicht nachhaltig zum Ziel, dies haben wir unter Schmerzen in der Vergangenheit erkennen und akzeptieren müssen.

In diesem Punkt empfehle ich einen Klassiker: Wir wollen uns Gedanken machen über Ihre Ziele – wie wir diese verfolgen und erreichen. Bäume umarmen können Sie ja später noch im Wald...

... zum Thema "Return On Investment":

Leider wiederholt erlebte Praxis: Ganz hinten, in der letzten Reihe sitzt ein schweigsamer Teilnehmer und der Trainer wundert sich spätestens ab Mittag, warum dieser Mensch so teilnahmslos die Zeit absitzt.

Erst gegen Ende bessert sich die Stimmung und auf die Frage, was der Tag diesem Teilnehmer nun gebracht habe antwortet dieser: "Jetzt hat mein Chef seine Ruhe",

Kein guter Tag... Weder für den Trainer, noch für den Teilnehmer...

Printed by Books on Demand GmbH, Norderstedt / Germany